आवाजों के घेरे

दुष्यन्त कुमार की कविताओं का दूसरा संग्रह

घायलों की, पीड़ितों की
गूंज है वातावरण में
एक मन्दिर-सा बना रणक्षेत्र
मैं इसका पुजारी।

क्रन्दनों, कोलाहलों के बीच
यह आवाज़ भी है
अलग सबसे प्रबल
सबसे मर्मभेदी और भारी।

आवाज़ों के घेरे

दुष्यन्त कुमार

राजकमल प्रकाशन

ISBN : 978-81-267-0519-1

मूल्य : ₹295

पहला संस्करण : 1963
दसवाँ संस्करण : 2023

प्रकाशक : राजकमल प्रकाशन प्रा.लि.
1-बी, नेताजी सुभाष मार्ग, दरियागंज
नई दिल्ली-110 002
शाखाएँ : अशोक राजपथ, साइंस कॉलेज के सामने, पटना-800 006
पहली मंजिल, दरबारी बिल्डिंग, महात्मा गांधी मार्ग, प्रयागराज-211 001
वेबसाइट : www.rajkamalprakashan.com
ई-मेल : info@rajkamalprakashan.com

मुद्रक : बी.के. ऑफसेट
नवीन शाहदरा, दिल्ली-110 032

AAWAZON KE GHERE
Poems by Dushyant Kumar

क्रम

आज	9
दृष्टान्त	10
आग जलती रहे	11
सूखे फूल : उदास चिराग़	13
साँसों की परिधि	14
अनुकूल वातावरण	15
एक यात्रा-संस्मरण	16
कौन-सा पथ कठिन	18
आवाज़ों के घेरे	19
एक मनःस्थिति	22
झील और तट के वृक्ष	23
निर्जन सृष्टि	24
ओ मेरे प्यार के अजेय बोध	25
अच्छा-बुरा	28
गीत का जन्म	29
विवेकहीन	31
एक आशीर्वाद	32
भविष्य की वन्दना	33
राह खोजेंगे	36
दूसरा सन्दर्भ	37
सूना घर	38
गांधीजी के जन्मदिन पर	39
दो मुक्तक	41
अपनी प्रेमिका से	42
प्रयाग की शाम	44

स्वप्न-खण्ड 45
असमर्थता 46
आत्मकथा 47
घूमने अकेले 51
विवश चेतना 52
छत पर : एक अनुभूति 53
सरस्वती-वन्दना 54
अबोध शाप 56
शीत-प्रतिक्रिया 57
परम्परा-वियुक्त 58
कल 61
इसलिए 63
फिर 64
ज़िन्दगी कहाँ ? 65
प्रश्न-दृष्टियाँ 66
प्यार : एक दशा 68
एक साद्धर्म्य 69
गली से राजपथ पर 70
ठण्डे कोयले 72
एक मित्र के नाम 74
आभार-प्रदर्शन 77
हम 78
...उपरान्त वार्ता 80
साथियों से 82
अभी तो 84
गौतम बुद्ध से 85

राजेन्द्र यादव,

मन्नू

और उनकी रचना के लिए

आज

अक्षरों के इस निविड़ वन में भटकतीं
ये हजारों लेखनी इतिहास का पथ खोजती हैं
···क्रान्ति ! ···कितना हँसो चाहे
किन्तु ये जन सभी पागल नहीं।

रास्तों पर खड़े हैं पीड़ा भरी अनुगूँज सुनते
शीश धुनते विफलता की चीख़ पर जो कान
स्वर-लय खोजते हैं
ये सभी आदेश-बाधित नहीं।

इस विफल वातावरण में
जो कि लगता है कहीं पर कुछ महक-सी है
भावना हो···सवेरा हो···
या प्रतीक्षित पक्षियों के गान—
किन्तु कुछ है;
गन्ध-वासित वेणियों का इन्तज़ार नहीं।

यह प्रतीक्षा : यह विफलता : यह परिस्थिति :
हो न इसका कहीं भी उल्लेख चाहे
खाद-सी इतिहास में बस काम आये
पर समय को अर्थ देती जा रही है।

दृष्टान्त

वह चक्रव्यूह भी बिखर गया
जिसमें घिरकर अभिमन्यु समझता था खुद को।

आक्रामक सारे चले गये
आक्रमण कहीं से नहीं हुआ
बस मैं ही दुर्निवार तम की चादर-जैसा
अपने निष्क्रिय जीवन के ऊपर फैला हूँ।
बस मैं ही एकाकी इस युद्ध-स्थल के बीच खड़ा हूँ।

यह अभिमन्यु न बन पाने का क्लेश!
यह उससे भी कहीं अधिक क्षत-विक्षत सब परिवेश!!
उस युद्ध-स्थल से भी ज़्यादा भयप्रद···रौरव
मेरा हृदय-प्रदेश!!!

इतिहासों में नहीं लिखा जायेगा।

ओ इस तम में छिपी हुई कौरव सेनाओ!
आओ! हर धोखे से मुझे लील लो,
मेरे जीवन को दृष्टान्त बनाओ;
नये महाभारत का व्यूह वरूँ मैं।
कुण्ठित शस्त्र भले हों हाथों में
लेकिन लड़ता हुआ मरूँ मैं।

आग जलती रहे

एक तीखी आँच ने
इस जन्म का हर पल छुआ,
आता हुआ दिन छुआ
हाथों से गुज़रता कल छुआ
हर बीज, अँकुआ, पेड़-पौधा,
फूल-पत्ती, फल छुआ
जो मुझे छूने चली
हर उस हवा का आँचल छुआ !

···प्रहर कोई भी नहीं बीता अछूता
आग के सम्पर्क से
दिवस, मासों और वर्षों के कड़ाहों में
मैं उबलता रहा पानी-सा
परे हर तर्क से।

एक चौथाई उमर
यों खौलते बीती बिना अवकाश
सुख कहाँ
यों भाप बन-बनकर चुका,

रीता,
भटकता—
छानता आकाश !

आह ! कैसा कठिन
···कैसा पोच मेरा भाग !
आग, चारों ओर मेरे
आग केवल भाग !

सुख नहीं यों खौलने में सुख नहीं कोई,
पर अभी जागी नहीं वह चेतना सोयी—;
वह, समय की प्रतीक्षा में है, जगेगी आप
ज्यों कि लहराती हुई ढकनें उठाती भाप !

अभी तो यह आग जलती रहे, जलती रहे,
ज़िन्दगी यों ही कड़ाहों में उबलती रहे।

सूखे फूल : उदास चिराग़

आज लौटते घर दफ़्तर से पथ में कब्रिस्तान दिखा
फूल जहाँ सूखे बिखरे थे औ' चिराग़ टूटे-फूटे
यों ही उत्सुकता से मैंने थोड़े फूल बटोर लिये
कौतूहलवश एक चिराग़ उठाया औ' संग ले आया

थोड़ा-सा जी दुखा, कि देखो, कितने प्यारे थे ये फूल
कितनी भीनी, कितनी प्यारी होगी इनकी गन्ध कभी,
सोचा, ये चिराग़ जिसने भी यहाँ जलाकर रक्खे थे
उसके मन में होगी कितनी गहरी पीड़ा स्नेह-पगी

तभी आ गयी गन्ध न जाने कैसे सूखे फूलों से
घर के बच्चे 'फूल-फूल' चिल्लाते आये मुझ तक भाग,
मैं क्या कहता आखिर उस हक़ लेनेवाली पीढ़ी से
देने पड़े विवश होकर वे सूखे फूल, उदास चिराग़

साँसों की परिधि

जैसे अन्धकार में
एक दीपक की लौ
और उसके वृत्त में करवट बदलता-सा
पीला अँधेरा।

वैसे ही
तुम्हारी गोल बाँहों के दायरे में
मुस्करा उठता है
दुनिया में सबसे उदास जीवन मेरा।

अक्सर सोचा करता हूँ
इतनी ही क्यों न हुई
आयु की परिधि और साँसों का घेरा।

अनुकूल वातावरण

उड़ते हुए गगन में
परिन्दों का शोर
दर्रों में, घाटियों में
ज़मीन पर
हर ओर···

एक नन्हा-सा गीत
आओ
इस शोरोगुल में
हम-तुम बुनें,
और फेंक दें हवा में उसको
ताकि सब सुनें,
और शान्त हों हृदय वे
जो उफनते हैं
और लोग सोचें
अपने मन में विचारें
ऐसे भी वातावरण में गीत बनते हैं।

एक यात्रा-संस्मरण

बढ़ती ही गयी ट्रेन महाशून्य में अक्षत
यात्री मैं लक्ष्यहीन
यात्री मैं संज्ञाहत ।

छूटते गये पीछे
गाँवों पर गाँव
और नगरों पर नगर
बाग़ों पर बाग़
और फूलों के ढेर
हरे-भरे खेत औ' तड़ाग
पीले मैदान
सभी छूटते गये पीछे···

लगता था
कट जायेगा अब यह सारा पथ
बस यों ही खड़े-खड़े
डिब्बे के दरवाज़े पकड़े-पकड़े ।

बढ़ती ही गयी ट्रेन आगे
और आगे—

राह में वही क्षण
फिर बार-बार जागे
फिर वही विदाई की बेला
औ' मैं फिर यात्रा में—
लोगों के बावजूद
अर्थशून्य आँखों से देखता हुआ तुमको
रह गया अकेला।

बढ़ती ही गयी ट्रेन
धक-धक धक-धक करती
मुझे लगा जैसे मैं
अन्धकार का यात्री
फिर मेरी आँखों में गहराया अन्धकार
बाहर से भीतर तक भर आया अन्धकार।

कौन-सा पथ....

तुम्हारे आभार की लिपि में प्रकाशित
हर डगर के प्रश्न हैं मेरे लिए पठनीय
कौन-सा पथ कठिन है...?
मुझको बताओ
मैं चलूंगा।

कौन-सा सुनसान तुमको कोंचता है
कहो, बढ़कर उसे पी लूं
या अधर पर शंख-सा रख फूंक दूं
तुम्हारे विश्वास का जय-घोष
मेरे साहसिक स्वर में मुखर है।

तुम्हारा चुम्बन
अभी भी जल रहा है भाल पर
दीपक सरीखा
मुझे बतलाओ
कौन-सी दिशि में अँधेरा अधिक गहरा है!

आवाज़ों के घेरे

आवाज़ें···
स्थूल रूप धरकर जो
गलियों, सड़कों में मँडलाती हैं,
क़ीमती कपड़ों के जिस्मों से टकराती हैं,
मोटरों के आगे बिछ जाती हैं,
दूकानों को देखती ललचाती हैं,
प्रश्न चिह्न बनकर अनायास आगे आ जाती हैं—
आवाज़ें !
आवाज़ें, आवाज़ें ! !

मित्रो !
मेरे व्यक्तित्व
और मुझ-जैसे अनगिन व्यक्तित्वों का क्या मतलब ?
मैं जो जीता हूँ
गाता हूँ
मेरे जीने, गाने
कवि कहलाने का क्या मतलब ?
जब मैं आवाज़ों के घेरे में
पापों की छायाओं के बीच
आत्मा पर बोझा-सा लादे हूँ;

जब मैं सोते-सोते
जग-जगकर रोता हूँ
तकिये में सिर धुनता
सुनता हूँ
आवाज़ें !
आवाज़ें, आवाज़ें ! !

मित्रो !
इनकी प्रतिध्वनियाँ
जैसे मीलों से आती हैं
आकर मुझसे
मेरे मन से
मेरी आत्मा से टकराती हैं,
माथे की शिकनों में
कविता के अनजन्मे शब्दों में
भावों में रम जाती हैं,
मुझको छूती हैं, उकसाती हैं
मेरे पौरुष के चप्पे-चप्पे को
घायल कर जाती हैं।
सीने से माथे तक दहता हूँ
फिर भी मैं रोम-रोम पर सहता हूँ
आवाज़ें !
आवाज़ें, आवाज़ें ! !

मुक्ति नहीं पाऊँगा क्या मैं ?
घुट-घुटकर मर जाऊँगा क्या मैं ?
इस आपद् के समय बुलाता हूँ
आओ !
मेरे मित्रो !
मेरी कविताएँ पढ़नेवालो
मेरे सहयोगी लिखनेवालो
आओ !
आवाज़ों के चौतरफ़ा हमलों से
मुझे बचाओ।

या फिर मेरी आँखों पर पट्टी बाँधो
मेरे अधरों पर जड़ दो ताले
कानों के परदे कर दो नष्ट
मेरी भावुकता को कस बेबस कर दो
···वरना फिर
जब मेरे पेन की स्याही में आँसू झलकें
वाणी में लपटें उतरें
कागज़ पर छन्दों में विद्रोही नक्शे दीखें
तब मुझसे ये मत कहना
—ये क्या करते हो भाई ?
—ये क्या कहते हो भाई ?

मित्रो !
मुझसे हमदर्दी है तो
मेरी बेचैनी का कारण समझो-बूझो
आओ
मेरे सँग-सँग इन आवाज़ों से जूझो
इनकी ध्वनियों को बदलो
इनके अर्थों को बदलो
इनको बदलो !

एक मनःस्थिति

शान्त सोये हुए जल को चीरकर हलचल मचाती
अभी कोई तेज़ नौका
गयी है उस ओर,

इस निपट तम में अचानक
आँधियों से भर गया आकाश
बिल्कुल अभी;

एक पंछी
झील के तट से चिहुँककर
मर्मभेदी चीख भरता हुआ भागा है,

औ' न जाने क्यों
तुझे लेकर फिर हृदय में
एक विवश विचार जागा है।

झील और तट के वृक्ष

यह बीच नगर में झील
(नगर का अन्तस्तल)
यह चारों ओर खजूरों, बाँसों के झुरमुट
अनगिनत वृक्ष
इस थोड़े से जल में
प्रतिबिम्बित हैं उदास कितने चेहरे !

सुनते हैं पहले कभी बहुत जल था इसमें
प्रतिदिन श्रद्धालु नगरवासी
इसके तट पर
जल-पात्र रिक्त कर जाते थे ।

अब मौसम की गर्मी या श्रद्धा का अभाव
कुछ भी हो लेकिन जल कम होता जाता है
बढ़ती जाती है पर संख्या
प्रतिबिम्बित होनेवाले चेहरों की प्रतिदिन ।

सुनते हैं दस या पाँच वृक्ष थे मुश्किल से
इस नगर-झील के आस-पास
ऐसा भी सुनते हैं पहले हँसती थीं ये
आकृतियाँ, जो होती जाती हैं अब उदास ।

निर्जन सृष्टि

कुलबुलाती चेतना के लिए
सारी सृष्टि निर्जन
और···
कोई जगह ऐसी नहीं
सपने जहाँ रख दूं।

दृष्टि के पथ में तिमिर है
औ' हृदय में छटपटाहट
ज़िन्दगी आख़िर कहाँ पर फेंक दूं मैं
कहाँ रख दूं?

ओ मेरे प्यार के अजेय बोध

ओ मेरे प्यार के अजेय बोध !
सम्भव है मन के गहन गह्वरों में जागकर
तूने पुकारा हो मुझे
मैं न सुन पाया हूँ;
—शायद मैं उस वक़्त
अपने बच्चों के कुम्हलाये चेहरों पर
दिन उगाने के लिए
उन्हें अक्षर-बोध करा रहा हूँ
—या ऑफ़िस की फ़ाइल में डूबा हुआ
इत्तिफ़ाक की भूलों पर
सम्भावनाओं का लेप चढ़ा रहा हूँ
—या अपनी पत्नी के प्यार की प्रतीक
चाय पी रहा हूँ !

ऐसा ही होगा
ओ मेरे प्यार के अजेय बोध,
ऐसा ही हो सकता है
क्योंकि यही क्रम मेरा जीवन है, चर्या है
वरना
मैं तुम्हारी आवाज़ नहीं

आहट भी सुन लेता था
कोलाहलों में भी जब हवा महकती थी
तो मुझे मालूम हो जाता था
कि चम्पा के पास कहीं मेरी प्रतीक्षा है!
जब तारे चमकते थे
तो मैं समझ लेता था कि आज नींद
व्योम में आँखमिचौनी खेलेगी
और यह कि मुझे तुम्हारे पास होना चाहिए।

ओ मेरे प्यार के अजेय बोध,
शायद ऐसा ही हो कि मेरा एहसास मर गया हो
क्योंकि मैंने क़लम उठाकर रख़ दी है
और अब तुम आओ या हवा
आहट नहीं होती,
बड़े-बड़े तूफ़ान दुनिया में आते हैं
मेरे द्वार पर सनसनाहट नहीं होती
···और मुझे लगता है
अब मैं सुखी हूँ—
ये चन्द बच्चे, बीवी
ये थोड़ी-सी तनख़्वाह
मेरी परिधि है जिसमें जीना है
यही तो मैं हूँ
इससे आगे और कुछ होने से क्या?

···जीवन का ज्ञान है सिर्फ़ जीना मेरे लिए
इससे विराट चेतना की अनुभूति अकारथ है
हल होती हुई मुश्किलें
खामखा और उलझ जाती हैं
और ये साधारण-सा जीना भी नहीं जिया जाता है।
मित्र लोग कहते हैं
मेरा मन प्राप्य चेतना की कड़ुवाहट को
पी नहीं सका,
उद्धत अभिमान उसे उगल नहीं सका

और मैं अनिश्चय की स्थिति में
हारा,
उद्विग्न हुआ,
टूट गया;
शायद ये सब सच हो।

पर मेरे प्यार के अजेय बोध,
अब इस परिस्थिति ने नया गुल खिलाया है
आक्रामक तुझे नहीं अब मुझे बनाया है
अब मेरी पलकों में स्वप्न-शिशु नहीं रोते
(यानी अब तेरे आक्रमण नहीं होते)
अब तेरे दंशन को उतनी गहराई से
कभी नहीं जीता हूँ
अब तू नहीं
मैं तेरी आत्मा को पीता हूँ
तेरे विवेक को सोखता हूँ
तुझको खाता हूँ
क्योंकि मैं बुभुक्षित हूँ,
भूखा हूँ,
ओ मेरे प्यार के अजेय बोध !

अच्छा-बुरा

यह कि चुपचाप पिये जायें
प्यास पर प्यास जिये जायें
काम हर एक किये जायें
और फिर छिपायें
वह ज़ख़्म जो हरा है
यह परम्परा है ।

किन्तु इन्कार अगर कर दें
दर्द को बेबसी को स्वर दें
हाय से रिक्त शून्य भर दें
खोलकर धर दें
वह ज़ख़्म जो हरा है
तो बहुत बुरा है ।

गीत का जन्म

एक अन्धकार बरसाती रात में
बर्फ़ीले दर्रों-सी ठण्डी स्थितियों में
अनायास दूध की मासूम झलक-सा
हँसता, किलकारियाँ भरता
एक गीत जन्मा
और
देह में ऊष्मा
स्थिति सन्दर्भों में रोशनी बिखेरता
सूने आकाशों में गूँज उठा :
—बच्चे की तरह मेरी उँगली पकड़कर
मुझे सूरज के सामने ला खड़ा किया।

यह गीत
जो आज चहचहाता है,
अन्तर्वासी अहम् से भी स्वागत पाता है,
नदी के किनारे या लावारिस सड़कों पर
निःस्वन मैदानों में
या कि बन्द कमरों में
जहाँ कहीं जाता है
मरे हुए सपने जगाता है—
बहुत दिनों तड़पा था अपने जनम के लिए।

मेरी भावनाओं की ज़ख्मी कोख में
कोहनियाँ टिकाकर
नन्हें नाखूनों से खरोंचकर
लगातार छोटे-छोटे पाँवों से प्रहार कर
विवश कर दिया था इसने बन्ध्या अभिव्यक्ति को।

—और आज हँसता है
सामने खड़ा होकर मुँह बिराता है,
साथ-साथ कूदने के लिए ललकारता है,
अँधियारे कोनों में जा-जाकर
मुझको पुकारता है।

और मुझे लगता है
अपने जनम के लिए शायद सब गीत
इसी तरह घुटते हैं
इसी तरह लड़ते हैं।
···और क्या पता
कि मैं और तुम और हम सब
जो धरती माता की गोद में तड़पते है,
मुट्ठियाँ बाँध-बाँधकर आगे बढ़ते हैं,
लड़ते हैं और हार जाते हैं—
किसी वृहद् और विशाल गीत के बोल हों,
और कल जनम लेकर
पूरी धरती पर फैल जायें !

विवेक-हीन

जल में आ गया ज्वार
सागर आन्दोलित हो उठा मित्र,
नाव को किनारे पर कर लंगर डाल दो,

हर कुण्ठा क्रान्ति बन जाती है जहाँ पहुँच
लहरों की सहनशीलता की उसी सीमा पर
आक्रमण किया है हवाओं ने,

स्वागत ! विक्षुब्ध सिन्धु के मन का
स्वागत ! हर दुखहर आन्दोलन का

कब तक सहता रहता
अन्यायी वायु के प्रहारों को मौन यों ही
गरज उठा सागर—
विवेक-हीन जल है, मनुष्य नहीं ।

एक आशीर्वाद

जा,
तेरे स्वप्न बड़े हों
भावना की गोद से उतरकर
जल्द पृथ्वी पर चलना सीखें
चाँद-तारों-सी अप्राप्य सच्चाइयों के लिए
रूठना-मचलना सीखें
हँसें
मुसकराएँ
गाएँ
हर दिये की रोशनी देखकर ललचायें
उँगली जलायें
अपने पाँवों पर खड़े हों।
जा,
तेरे स्वप्न बड़े हों।

भविष्य की वन्दना

सम्पुट प्रकाश-पुंज हो तुम
मैं हूँ हिमाच्छन्न पर्वत
किरण-कोष धारे हो तुम
मैं हूँ विस्तीर्ण गर्व-उन्नत
मुझे गलानेवाली किरणें कब फेंकोगे ?
धरती पर बहने का मार्ग कब दोगे ?
कब करोगे मुक्त
छाती पर बसे भार से ?
हे संयमित व्यक्तित्व से नम्र, श्रुत भविष्यत !

× × ×

वायु के सहारों पर टिका हुआ
कोहरा आधार है हमारा
कल्पना पर जीते हैं
गैस के गुब्बारों-से सपने
बच्चों-सी लालची हमारी आत्माओं को
निकट बुलाते हैं
…खरीदें,
पर हम रीते हैं,
इस पर भी दम्भ है महत्वाकांक्षाओं का
(जो कि ज़िन्दगी की चौहद्दी में
वेष बदल, रावण-सी घुस आयीं)

× × ×

खण्डित पुरुषार्थ
गाण्डीव की दुहाई देता हुआ, निष्क्रिय है
कर्म नहीं—
केवल अहंकार को जगाता है !
(आह, राम घायल हो
मायावी हिरण के तेज़ सींगों से
रह-रह कराहते हैं)

× × ×

आशाएँ रही सही शीघ्र टूट जायेंगी
खीजों के फलस्वरूप
नुचे हुए पत्तों-सी नंगी डालें लहरायेंगी
(विजय-सूचिका ही उन्हें
चाहे हम समझें)

सुनो, आहत राम ने लक्ष्मण को पुकारा
—हरी गयी सीता !
—अब किसी बियाबान बन में जटायू टकरायेगा
—नहीं, वायुयान पर बिठाकर ले जायेगा
अव्वल तो जटायू नहीं आज
और हो भी तो कब तक लड़ पायेगा ?
···राम युद्ध ठानेंगे सामने मशीनों के ?
वानरों की सेना से !
जो कि स्वयं भूखी है आज !
अपने नगर के घरों में
मुँडेरों पर बैठकर
रोटी ले भागने की फ़िक्र में रहती है

× × ×

लेकिन नहीं हे भविष्यत !
भूत को
इतना तो बदलो मत,
आस्था दो
कि हम अपनी बिक्री से डरें
बल दो—दूसरों की रक्षा को—
अपहरण न करें,

दृष्टि दो
जो हम सबकी वेदना पहचानें
सबके सुख गाएँ,
आग दो
जो सोने की लंका जलायें।

राह खोजेंगे....

ये कराहें बन्द कर दो
बालकों को चुप कराओ
सब अँधेरे में सिमट आओ यहाँ नतशीश
हम यहाँ से राह खोजेंगे।

हम पराजित हैं मगर लज्जित नहीं हैं
हमें खुद पर नहीं
उन पर हँसी आती है
हम निहत्थों को जिन्होंने हराया
अँधेरे व्यक्तित्व को अन्धी गुफाओं में
रोशनी का आसरा देकर
बड़ी आयोजना के साथ पहुँचाया
और अपने ही घरों में क़ैद करके कहा :
"लो तुम्हें आज़ाद करते हैं।"

आह !
वातावरण में बेहद घुटन है
सब अँधेरे में सिमट आओ
और सट जाओ
और जितने आ सको उतने निकट आओ
हम यहाँ से राह खोजेंगे।

दूसरा सन्दर्भ

वही बालुका तट है
जिस पर रुई-चाँदनी फैल रही है
वही अखण्डित मौन
किन्तु कुछ सूना-सूना
जैसे आकर क़ोई अजदह सूँघ गया है;

वही दशाएँ···
शान्त खड़ी हैं नावें अब भी
लहरें आकर टकराती हैं
पर टक्कर को चुप सह लेना
अनुभव को यह दर्द नया है।

× × ×

थके हुए अजनबी यात्रियो—आओ !
उभरें चिह्न बालुका-तट पर—गाओ !
मौन तोड़ दो नावों पर चढ़ जाओ
—हाँक लगाओ !
हम भी तुमको लहरों से टकराते देखेंगे
चाहे हम कितने तटस्थ द्रष्टा हों लेकिन
यह ठहराव हमें दुख देता है।

सूना घर

सूने घर में किस तरह सहेजूँ मन को
पहले तो लगा कि अब आयीं तुम, आकर
अब हँसी की लहरें काँपी दीवारों पर
खिड़कियाँ खुलीं अब लिये किसी आनन को

पर कोई आया गया न कोई बोला
ख़ुद मैंने ही घर का दरवाज़ा खोला
आदतवश आवाज़ें दीं सूनेपन को

फिर घर की ख़ामोशी भर आयी मन में
चूड़ियाँ खनकती नहीं कहीं आँगन में
उच्छ्वास छोड़कर ताका शून्य गगन को

पूरा घर अँधियारा गुमसुम साये हैं
कमरे के कोने पास खिसक आये हैं
सूने घर में किस तरह सहेजूँ मन को

गांधीजी के जन्मदिन पर

मैं फिर जनम लूंगा
फिर मैं
इसी जगह आऊँगा
उचटती निगाहों की भीड़ में
अभावों के बीच
लोगों की क्षत-विक्षत पीठ सहलाऊँगा
लँगड़ाकर चलते हुए पाँवों को
कन्धा दूंगा
गिरी हुई पद-मर्दित पराजित विवशता को
बाँहों में उठाऊँगा ।

इस समूह में
इन अनगिनत अचीन्ही आवाज़ों में
कैसा दर्द है !
कोई नहीं सुनता !
पर इन आवाज़ों को
और इन कराहों को
दुनिया सुने मैं ये चाहूँगा ।

मेरी तो आदत है
रोशनी जहाँ भी हो
उसे खोज लाऊँगा

कातरता, चुप्पी या चीखें
या हारे हुओं की खीज
जहाँ भी मिलेंगी
उन्हें प्यार के सितार पर बजाऊँगा।

जीवन ने कई बार उकसाकर
मुझे अनुलंघ्य सागरों में फेंका है
अगन-भट्टियों में झोंका है,
मैंने वहाँ भी
ज्योति की मशाल प्राप्त करने के यत्न किये
बचने के नहीं,
तो क्या इन टटकी बन्दूक़ों से डर जाऊँगा ?

तुम मुझको दोषी ठहराओ
मैंने तुम्हारे सुनसान का गला घोंटा है
पर मैं गाऊँगा
चाहे इस प्रार्थना सभा में
तुम सब मुझ पर गोलियाँ चलाओ
मैं मर जाऊँगा
लेकिन मैं कल फिर जनम लूंगा
कल फिर आऊँगा।

दो मुक्तक

1

ओ री घटा
तूने एक बूँद भेजी नहीं
ले प्यासे अधर यहाँ
कब से खड़ा हूँ मैं !

मेरी हर अग्नि तुझ तक
पहुँच कर बनी है जल
सोचा तो होता
याचक कितना बड़ा हूँ मैं !!

2

रोम-रोम पुलकित
उच्छ्वसित अधर
उठती-गिरती छाती
कम्पित स्वर
आँखों में विस्मय…!
…अभी-अभी जो मेरा तन सिहराती गई
क्या वह तेरी साँस नहीं थी
जिसने मुझे छुआ
क्या वह तेरा स्पर्श नहीं था ?

अपनी प्रेमिका से

मुझे स्वीकार हैं वे हवाएँ भी
जो तुम्हें शीत देतीं
और मुझे जलाती हैं
किन्तु
इन हवाओं को यह पता नहीं है
मुझमें ज्वालामुखी है
तुममें शीत का हिमालय है
फूटा हूँ अनेक बार मैं,
पर तुम कभी नहीं पिघली हो,
अनेक अवसरों पर मेरी आकृतियाँ बदलीं
पर तुम्हारे माथे की शिकनें वैसी ही रहीं
तनी हुई।

तुम्हें ज़रूरत है उस हवा की
जो गर्म हो
और मुझे उसकी जो ठण्डी !

फिर भी मुझे स्वीकार है यह परिस्थिति
जो दुखाती है
फिर भी स्वागत है हर उस सीढ़ी का
जो मुझे नीचे, तुम्हें ऊपर ले जाती है
काश ! इन हवाओं को यह सब पता होता !

तुम जो चारों ओर
बर्फ़ की ऊँचाइयाँ खड़ी किये बैठी हो
(लीन···समाधिस्थ)
भ्रम में हो।
अहम् है मुझमें भी
चारों ओर मैं भी दीवारें उठा सकता हूँ
लेकिन क्यों ?
मुझे मालूम है
दीवारों को
मेरी आँच जा छुएगी कभी
और बर्फ़ पिघलेगी
पिघलेगी !

मैंने देखा है
(तुमने भी अनुभव किया होगा)
मैदानों में बहते हुए उन शान्त निर्झरों को
जो कभी बर्फ़ के बड़े-बड़े पर्वत थे
लेकिन जिन्हें सूरज की गर्मी समतल पर ले आयी।

देखो ना !
मुझमें ही डूबा था सूर्य कभी,
सूर्योदय मुझमें ही होना है,
मेरी किरणों से भी बर्फ़ को पिघलना है,
इसीलिए कहता हूँ—
अकुलाती छाती से सट जाओ,
क्योंकि हमें मिलना है।

प्रयाग की शाम

यह गर्मी की शाम
इसका बालम बिछुड़ गया है
···इसका बालम बिछुड़ा जब से
उखड़ गये हैं शायद सुख-सपनों के डेरे
···आज हुई पगली
प्रयाग की सड़क-सड़क पर
गली-गली में
घूम रही है लम्बे काले बाल बिखेरे
(घोर उदासी भरी, पसीने से तर)
है बेहद बदनाम !
यह प्रयाग की शाम !

स्वप्न-खण्ड

रात-भर जिया हूँ अँधियारे में
गुमसुम-से खड़े रहे पेड़-फूल
उम्र के विषैले गलियारे में
बहुत तेज़ आँधी आयी, उड़ी धूल
        …कोई नहीं बोला रात
लोग सभी लम्बी तान सोते रहे
घूमते रहे अलकापुरियों में लोगों के—
स्वप्न, सिर्फ़ मेरे विकल होते रहे।
        …लगा—आह ! कैसे तहख़ाने में आ गया !
कौन मार्ग-दर्शक ऐसा
        ग़लत पथ सुझा गया ?

        छोटा-सा एक स्वप्न
        दुनिया दिखा गया !!

असमर्थता

पथ के बीचो-बीच खड़ी दीवार
और मैं देख रहा हूँ !

बढ़ती आती रात
चील-सी पर फैलाये,
और सिमटते जाते
विश्वासों के साये।
तम का अपने सूरज पर विस्तार
और मैं देख रहा हूँ !

महज़ तनिक से तेज़
हवा के हुए दुधारे,
औंधे मुँह गिर पड़े
धूल पर सपने सारे,
खिलने के क्षण में ऐसे आसार
और मैं देख रहा हूँ !

धिक् ! मेरा काव्यत्व
कि जिसने टेका माथा,
धिक् मेरा पुंसत्व
कि जिसकी कायर गाथा,
ये अपने से ही अपने की हार
और मैं देख रहा हूँ !

आत्मकथा

आँख जब खोली मैंने पहले-पहल
युग-युगान्तरों का तिमिर
घनीभूत
सामूहिक
सामने खड़ा पाया ।
साँस जब ली मैंने
सदियों की सड़ाँध
वायु-लहरों पर जम-जमकर
ज़हर बन चुकी थी ।
पाँव जिस भूमि पर रखा उसको पदमर्दित,
अनवरत् प्रतीक्षाहत,
शंकाकुल,
कातर,
कराहते हुए देखा
शापग्रस्त था मेरे ही माथे का लेखा !
मिला नहीं कोई भी सहयोगी
अपना पुंसत्व-बोध खोये क्षत, संज्ञाहत
सिक्कों से घिसे औ' गुरुत्वहीन
ऐसे व्यक्तित्व मिले
जिन्हें अपनाने में तिलमिला गया मैं ।

परिचय घनिष्ठ हो गया लेकिन इन सबसे
कैसे नकारूँ इन्हें या अस्वीकारूँ आज
ये मेरे अपने हैं
मेरी ही आत्मा के वंशज हैं।
इन्हें इसी धरती ने
इसी वातावरण ने
इसी तिमिर ने अंग-भंग कर दिया है।

सच है
अब ये अकुलाते नहीं,
बोलते गाते नहीं,
दुखते जलते हैं,
इंच-इंच गलते हैं,
किन्तु कभी चीखते नहीं ये
चिल्लाते नहीं,
अधर सी दिये हैं इनके
बड़े-बड़े तालों ने
जिन्हें मर्यादा की चाबियाँ घुमाती हैं।

किन्तु मैं अकुलाया
चीखा-चिल्लाया भी
नया-नया ही था···दुख सहा नहीं गया
मौन साध लेता कैसे
रखकर मुँह में ज़बान
प्रश्न जब सुने
आहत, विह्वल मनुष्यता के
उत्तर में मुझसे चुप रहा नहीं गया।

किन्तु मैं कवि हूँ कहाँ
कहाँ किसे मिलती है मेरी कविताओं में
इन्द्रजुही सपनों की
रूप और फलों की
सतरंगी छवियों की
स्निग्ध कलित कल्पना;

…लगता है
मैं तो बस जल-भीगा कपड़ा हूँ
जिसको निचोड़कर मेरी ये कविताएँ
उष्ण इस धरती के ऊपर छिड़क देती हैं…
कविताएँ माध्यम हैं शायद
उस ऋण को लौटाने का
जो मैंने तुम सबसे लिया है
मित्रो,
मेरी प्रशंसा क्यों करते हो
मैंने क्या किया है !

फिर भी
लेकिन फिर भी
लोगों ने मुझे कवि पुकारा
उद्धत, अविनीत नहीं
क्योंकि
यद्यपि वे मौन रहे
किन्तु उन ही की भावनाओं को
वाचा दी मैंने
उन सबकी ध्वनियों को
गुंजरित वितरित किया
और पूछना जो चाहते थे वे
वही प्रश्न
मैंने प्रतिध्वनित किया
चारों दिशाओं में।

सच है ये
उत्तर अभी नहीं मिला
किन्तु मैं चुपा भी नहीं,
सच है ये
अब तक रण अनिर्णीत
किन्तु मैं थका भी नहीं।

जारी हैं सारे सम्भव प्रयत्न
जारी रहेंगे।
ये ही प्रश्न गूँजेंगे
सत्य के लिए भटकती आत्मा की तरह
गूँजते रहेंगे ये ही प्रश्न
वर्षों के अन्तराल में···जब तक
उत्तर न पा लेंगे।

घूमने अकेले

पथ के इधर-उधर खड़े हुए वृक्ष नहीं बोलते
लता-गुल्म चुप
फूल-पत्ते खामोश !
पाँवों से लिपटने की आतुरता धूल में नहीं
झोंकों-पर-झोंके पास से गुज़र जाते है
बाँसुरी बजाती नहीं हवा
गाते नहीं पंछी
झुण्ड-के-झुण्ड दुर्भाग्य की तरह
मेरे शीश के ऊपर मँडलाते हैं।

…नदी के किनारे संगीत नहीं
मेंढकों का शोर उभर आता है,
पानी में तिरती हैं परछाइयाँ काली,
कदम्ब की छाया में उमस है अशान्ति भरी
धूप नहीं,
आकाश के आइने में दैत्याकार मेघ-खण्ड
प्रतिबिम्बित अधर्निमित सपनों के रूप नहीं;
…थोड़े से जल में उतरते हुए डरता हूँ,
सूने से प्रेत-प्रभाव जगता है,
ओ मेरी प्रिया !
तुझसे क्या कहूँ !
आज उसी पथ पर हर अनुभव
विपरीत हुआ लगता है।

विवश चेतना

मेरे हाथ क़लम लेकर
मुझसे भी अच्छे गायक का पथ जोह रहे हैं,
मेरी दृष्टि कुहासे में से
नयी सृष्टि-रचना की सम्भावित बुनियादें
देख रही है,
मेरी साँसें
अस्तित्वों की सार्थकता को जूझ रही हैं,
मेरी पीड़ा हर उदास चेहरे से मिलकर
एक नयी उपलब्धि खोजती भटक रही है,
मेरी इच्छा कोई वातावरण बनाने में तत्पर है,
मेरी हर आकांक्षा
आने वाले कल में जाग रही है,
(तन का क्या है
ये तो बेजन्मा-सा आकुल-आतुर यात्री)
मेरी विवश चेतना
जग में बसने को घर माँग रही है।

छत पर : एक अनुभूति

दृष्टि के विस्तार में बाँधे मुझे
तुम शाम से छत पर खड़ी हो :
अब तुम्हारे और मेरे बीच का माध्यम : उजाला
नष्ट होता जा रहा है।

देखती हो
भाववाही मौन की सम्पन्न भाषा भी बहुत असमर्थ
और आशय हमें ही लग रहे हैं अपरिचित-से
और हम दोनों प्रतिक्षण
निकटता का बोध खोते जा रहे हैं।

दो छतों के फ़ासले में
श्यामवर्ण अपारदर्शी एक शून्य बिखर रहा है;
किस तरह देखूँ
कि मेरा मन अँधेरे में
तुम्हारे लिए विह्वल हो रहा है।

ऑन कर दो स्विच
कि तुम तक हो पुनः विस्तार मेरा
अँधेरे में तुम्हारे संकेत मुझ तक नहीं आते।
(आह ! कितना बुरा होता है अँधेरा)

सरस्वती-वन्दना

माँ, मुझको क्षमा मिले
फिर मैं हूँ उत्सुक
आतुर
अधीर
श्रद्धा-नत
क्षत-विक्षत;
मैं तेरी आत्मा का एक अंश !

ओ माँ !
मैं पहले था थोड़ा अविनीत
धृष्ट
उद्धत
दुस्साहत-युत, क्रोधी,
पर माँ
इस दुनिया ने
अनुभव ने
पीड़ा ने
मुझमें भी ज्ञान-बेलि बो दी ।

अब मेरी दृष्टि रहेगी स्थिर
व्यथा कुछ न बोलेगी
शक्ति नहीं लरजेगी

वीर्यवान संवेदन रहेगा मौन
निर्वंश !

माँ !
मेरी बद्ध अंजुलियों में
रस है अब
तड़प नहीं
वाणी में सहज अभ्यर्थना है
आग नहीं,
बस तू है मेरी आराध्य मातः
क्षमा मिले !

फिर मैं हूँ उत्सुक !
आतुर !!
अधीर !!!

अबोध शाप

तुम अबोध थीं
जो अनार के दानों-सी खिलखिलकर हँस दीं
मैं बालक था
उसे सहज निष्काम भाव से ग्रहण कर लिया,
तुमने कभी न जाना
सहसा मुझमें कितनी उतर गईं तुम,
मैंने कभी न जाना—
कोई सुन्दर-सा अभिशाप वर लिया।

तब से अब तक
अन्तर्मन में दंश लिये पल-पल बीते हैं
गहरे से गहरा अभाव भी
हमने साझे में निपटाया,
कैसा अन्तर्ग्रंथित भाग्य है प्राण परस्पर हम दोनों का

तुम वह हँसी नहीं हँस पाईं
मैं वह भाव नहीं तज पाया।

शीत-प्रतिक्रिया

बाहर कितना शीत
हवा का दुसह बहाव
भीतर कितनी कठिन उमस है
औ' ठहराव !

तेज़ हवा को रोक
कि ये ठहराव फाड़ दे
शीत घटा
या मन के अँगारे उघाड़ दे;

दो खंडों में बाँट न
यह व्यक्तित्व अधूरा
ईश्वर मेरे,
मुझे कहीं होने दे पूरा।

परम्परा-वियुक्त

दुनिया की चहारदीवारी में
ये हम जो सुनते हैं आवाज़ें
ये सब माँ से बिछुड़े बालक हैं :

आँगन में लोट रहे, चीख़ रहे
माथे को पीट-पीट
पाँवों को पटक रहे
बालों को नोच रहे
ये सब माँ से बिछुड़े बालक हैं :

मेले में भटके होते तो
कोई घर पहुँचा जाता
ये घर में भटके हैं :

मैंने तो कई बार समझाया इन्हें
कहा—'सुख लो परिस्थिति से,
घर की स्वतन्त्रता से,
ड्राइंग-रूम में जाकर बैठो
सोफ़ों पर कूदो
परदे झिंझोड़ दो,

जिन्हें मना करती थी माँ
वे प्लेटें, वे प्याले तोड़ दो;
घर को इस चहारदीवारी को
खेल-खेल में ही
तूफ़ान से भर दो,
चमकदार सीमेन्टेड दीवारें
माथों से फोड़ दो,
काली कर दो।'

पर ये नहीं माने, रोते रहे।
मेरे समझाने पर
और भी अधिक विह्वल होते रहे।

तब मैंने कहा—
'लो, तुम्हारी माँ अब आयी,
मार्केट तक गयी है
खिलौने लायेगी
चुप हो जाओ तो
अभी लौट आयेगी।'

मगर नहीं
प्रकट की अनास्था
हर खेल हर खिलौने पर
अविश्वास मेरे आश्वासन पर
स्वर में आशंका औ' भय भरकर
केवल यही पूछा—
'माँ कब तक आयेगी ?'

वर्षों से बिछुड़े
ये सब बालक
अब तक भी रोते हैं
मेरे समझाने पर
और भी अधिक विह्वल होते हैं।

अब इनको कोई तो समझाये
अपने आशीष छोड़
हर माँ मर जाती है
केवल मँडराते रह जाते हैं कुछ साये ।

कल

कल :
अपनी इन बिद्ध नसों में डोल रहा है
संवेदन में पिघला सीसा घोल रहा है
हाहाकार-हीन अधरों की बेचैनी में बोल रहा है
हर आँसू में छलक रहा है ! !

ये अक्षर-अक्षर कर जुड़ने वाले स्वर
ये हकला-हकलाकर आने वाली लय
पगला गये गायकों-जैसे गीत
बेवफ़ा लड़की-सी कविताएँ
ये चाहे कितनी अपूर्ण अभिव्यक्ति
समय की हों,
पर इनमें कल झलक रहा है ! !

कल :
जिसमें हम नहीं जी रहे
देख रहे हैं,
कल :
जिसको बस सुना-सुना है
देख रहे हैं :
बाज़ारों में लुटे-लुटे-से

चौराहों पर सहमे-सहमे
आसमान में फैले-फैले
घर में डरे-डरे दुबके-से···।

चारों ओर बिछा है अपनी पीड़ाओं का पाश
दिशा-दिशा में भटके चाहे
किन्तु भविष्य-बिहग उलझकर
आ जायेगा पास !

इसलिए

सहता रहा आतप
इसलिए हिमखंड
पिघले कभी
बनकर धार एक प्रचंड
जा भागीरथी में
लीन हो जाये।

जीता रहा केवल
इसलिए मैं प्राण,
मेरी जिन्दगी है
एक भटका वाण
भेदे लक्ष्य
शाप-विहीन हो जाये।

फिर....

फिर मेरे हाथों में गुलाब की कली है।
फिर मेरी आँखों में वही उत्सुक चपलता है।

सोचा था यहाँ
तुमसे बहुत दूर
शायद सुकून मिले
...पर यहाँ लबे-सड़क, कोठियों में
गुलाबों के पौधे हैं
और रास्ता चलते
बँगलों में लगे गुलाबों को तोड़ लेने जैसा मेरा मन है
...और फिर तुम तो
सूना जूड़ा दिखाती हुई
अनायास सैकड़ों मील दूरी से पास आती हुई...।

और फिर...
फिर वही दिशा है गन्तव्य
जो तुम्हारी है,
फिर वही दंशन है आत्मीय
फिर वही विष है उपभोग्य
मेरा उपजीव्य आह !
फिर वही दर्द है—अकेलापन ! !

ज़िन्दगी कहाँ ?

ज़िन्दगी दिखायी देती है
कब्रों में या दरगाहों में
मन्दिर में या शमशानों में
मिट्टी से दबी हुई
मिट्टी में मिली हुई
पूजा के बेलों पर कँपती
या घुटनों के बल झुकी हुई।

प्रश्न-दृष्टियाँ

इस समर को दूर से देखने वालो,
यह सरल है
आहतों पर दया दिखलाओ
'आह बेचारे !' कहो
या साथ इनके तिक्त संवेदना के क्षण सहो
औ' पराजय पर विकल होकर रचो साहित्य,
···किन्तु जो सैनिक पराहत
भूमि पर लुंठित पड़े हैं
तुम्हारा साहित्य उन तक नहीं जाता
यह तटस्थ दया तुम्हारी
और संवेदना उनको बींधती है।

···आह ! बेचारे भ्रमित
ये सोचते थे—
ले चुकी है जन्म
एक विशाल औ' निर्भीक पीढ़ी
आज इनके साथ···

इन्हें लगता था कि हम
संघर्ष में कूदे अगर
तो इन सहस्रों बाहुओं का बल मिलेगा

दृष्टियों का जाल
ऊपर फैलकर
सारे प्रहार सँभाल लेगा।

···किन्तु सारे कवच खंडित
स्वप्न मरणासन्न
ये असंख्य उदास आँखें पूछती हैं—
कहाँ हैं वे बाहु···
        जिनसे रण सजेगा
कहाँ हैं वे गीत···
जो उठकर गगन में गूँजते थे
कहाँ हैं वे मित्र
कहाँ वे संगी-सहायक
कहाँ हैं हम?

इस सामर को दूर से देखनेवालो,
ये उदास-उदास आँखें माँगती हैं
दया मत दो
इन्हें उत्तर दो।

प्यार : एक दशा

यह अकारण दर्द
जिसमें लहर और तड़प नहीं है,
यह उतरती धूप
जिसमें छाँह और जलन नहीं है,
यह भयंकर शून्य
जिसमें कुछ नहीं है···
        ज़िन्दगी है।

आह ! मेरे प्यार,
तेरे लिए है अभिव्यक्ति विह्वल
शब्द कोई नहीं
अर्थ अपार !

एक साद्धर्म्य

मुझे बतलाओ
कि क्या ये जलाशय
मेरे हृदय की वेदना का नहीं है प्रतिरूप ?
मेरे ही विकल व्यक्तित्व की सुधियाँ नहीं
तट पर खड़ी तरु-पाँति ?
और ये लहरें तड़पतीं जो कि प्रतिपल
क्या नहीं तट के नियण्त्रण में बँधी इस भाँति ?
ज्यों परिस्थिति से बँधे हम विवश और विफल।

गली से राजपथ पर

ये गली सुनसान वर्षों से पड़ी थी
दूर तक
अपनी अभागिन धड़कनों का जाल बुनती हुई,
राजपथ से उतरकर चुप
        कल्पनाओं में अनागत यात्रियों के
पगों की आहटें सुनती हुई।

ये गली
जिसके धड़कते वक्ष पर
थमे ज़ख्मी पाँव रखकर
दूर की उन बस्तियों को चले गये अनेक
औ' उधर से
लौट पाया नहीं कोई एक,
आज तक रख बुद्धि और विवेक
जीवित है।

आज लेकिन
आज
वर्षों बाद
झोपड़ों से
आहटें सुन पड़ रही हैं

गली में आने
गली से राजपथ में पहुँच पाने के लिए
पगडंडियों से लड़ रही हैं···

आहटें !
एक, दो, दस नहीं
अनगिन पगों की
रह-रह तड़पतीं
लड़खड़ातीं पर पास आती हुई
हर क्षण
बढ़ रही हैं···

अभी होगा भग्न
दैत्याकार यह वातावरण
एक मरणासन्न रोगी की तरह
अकुला रहा है मौन
पूछती है गली मुझसे बावली—
'कवि !
राजपथ पर आ रहा है कौन ?'

ठण्डे कोयले

कभी दहकते थे जो सपने लाल
कितनी विवश करुण ध्वनियाँ निकली थीं इनसे
तुमने इन्हें उठाकर
जब फेंका था जल में
तड़प उठा था क्षण-भर सारा ताल
ये प्रतिवादी अधर रह गये थे खुलते-खुलते

आज ताल का पानी सूख गया
आज परिस्थितियाँ वे बदल गयीं
उस घटना को वर्षों बीत गये···
···वर्षों बीत गये
लेकिन
वह आवेश अधूरा
औ' वे व्यथा चिन्तनाएँ सब
मेरे मन में अब भी हैं,
वे ध्वनियाँ बेचैन सिसकतीं
आहें भरतीं
मेरे स्वर-स्पन्दन में अब भी हैं,
लिखे अँगुलियों से ज़ो मैंने
संकल्पों के असफल छन्द
गगन में अब भी हैं,

अब भी मन करता है
सूखे हुए ताल में उतर पड़ूँ
खोजूँ—
शायद मुझको वे ठण्डे कोयले पड़े मिल जायें
शायद किसी शरद् में ऊष्मा भर दें
मुझसे लेकर आँच
कहीं खिल जायें।

एक मित्र के नाम

मैं भी तो भोक्ता हूँ
इस परिस्थिति का मित्र !
मेरे भी माथे पर
हैं दुख के मानचित्र ।

मैंने न समझा तो
और कौन समझेगा ?
मौन जो रहा है ख़ुद
वही मौन समझेगा

अर्थ मैं समझता हूँ
इन बुझी निगाहों का
जी रहा ठहाकों पर
पुंज हूँ व्यथाओं का ।

कई रास्तों पर बस
दृष्टि फेंक सकता हूँ,
प्राप्त कर नहीं सकता
स्वप्न देख सकता हूँ ।

संकट में घिरे हुए
वचन-बद्ध योद्धा-सा
शस्त्रों को छू भी लूँ
तो चला नहीं सकता

अनजानी लगती है
अपनी ही हर पुकार
छू-छूकर लौट-लौट आती
हर गली-द्वार।

अनुभव की वंशी में
बिंधा पड़ा है जीवन
क्षण-भर का पागलपन
पूरा यौवन उन्मन

लगता है तुमको भी
शूल चुभा है कोई।
किश्ती से अनदेखा
कूल चुभा है कोई!

जीवन के सागर में
यौवन के घाट पर
चला गया लगता है
प्यार दर्द बाँट कर

पर अब तुम जियो
कहो—कोई तो बात नहीं!
रण में योद्धाओं की
हार-जीत हाथ नहीं!

एक दाँव हारे हैं
एक जीत जायेंगे,
जीवन के कै दिन हैं
अभी बीत जायेंगे ।

आभार-प्रदर्शन

पेट को भोजन
और इच्छा को साधन
देने वाले ने क्या कम दिया !

प्रिये !
जन फिर भी असन्तुष्ट
कहते हैं, तुमने सुख-चैन हरा मेरा
मुझको ग़म दिया।
सोचते नहीं हैं किन्तु—
—हृदय जिसने सहा दुख
सहना सिखाया
और अभिव्यक्ति की
नयी काव्य-शैली को जनम दिया
मेरे पास कहाँ से आया !!

हम

ज़िन्दगी को
एक वृहद् प्रसंग में रख
और व्यापक अर्थ इसके
खोजते-फिरते रहे जो
हमी हैं वो

हमी तो
इस सर्वहारा ज़िन्दगी का
और गहरी शर्त
और दृढ़ दायित्व से
निर्वाह करने चले थे

हम तो यह चाहते थे
ज़िन्दगी को और अच्छी पृष्ठभूमि मिले
और अच्छी तरह रक्खें
सजाकर यह चित्र
और गहरे रंग उभरे···

मगर हम ही प्रसंगों से कट गये खुद
बह गये
हम उपन्यासिक अधूरे कथा-नायक

विश्व के साहित्य में
आलोचकों की कृपा के पात्र होकर रह गये।

हमी तो हैं जो निरर्थक पड़े हैं
हमारे सपने अभी तक इस गगन में खड़े हैं
हमारी गूँजें पड़ी हैं वनों में
आहें मिलों में, दफ़्तरों में।

हमारी आहें हमारी यही गूँजें
साँप-सी फुंकारती हैं
पत्थरों पर फन पटकतीं
विवश होकर फिर हमी को मारती हैं।

हम
कि जो इस उपभोग्या धरा से चिपटे हुए
उद्दाम अपनी वासनाएँ जी रहे हैं;
हमारी खुशियाँ हमारी नहीं
हम फिर भी हँसते रहे हैं;

हम अजीवित
जीवितों से
हर व्यथा की हाँक सुनकर सिहरते हैं
बोलते हैं;
हमी हैं जो बुझ गये
लेकिन अभी तक
मुट्ठियों को बाँधते हैं, खोलते हैं।

....उपरान्त वार्ता

हिल उठा अचानक संयम का वट-वृक्ष
अस्फुट शब्दों की हवा तुम्हारे अधरों से क्या बही
सब जड़ें उभर आयीं···

पहले भी मैंने
तुमको समझाया था
याद करो—
ये बिरवा है
ढह जायेगा
लहरों के आगे इस बिरवे की क्या बिसात !

आँधियाँ सँभाले हुए दिशाओं-सा दिल
रहे अविचलित
मुसकानों को झेले जाये नित
इस योग्य नहीं।

जीवन का पहरेदार सजग : संयम,
लेकिन कब तक··· ?
हर क्षण पर कोई मुहर नहीं होती !

यह जीवन खाली था
इसको भरने वाली

आकांक्षाएँ पनिहारिन चढ़ आयीं
मैं कैसे समझाता या उन्हें मना करता !

पर तुमको तो
पहले भी समझाया था याद करो
मैं बहुत विवश हूँ
कोई लक्ष्मण-रेखा नहीं यहाँ,
दूरी रखने के लिए कहाँ जाऊँ
तुम हो न जहाँ ?

साथियों से

साथियो, सघन वन के सन्नाटे में
गोली-जैसी गूँजी हैं मेरी आवाजें
परतें-परतें उघड़ गयीं सन्नाटे की।

षड्यन्त्रों की पूर्व-पीठिका-जैसी खामोशी
दिशा-दिशा, तृण-तरु-पत्तों
औ' वन में छायी थी
थकी हुई घायल आवाजें
खोज रही थीं पथ,
था कण-कण निस्तब्ध
रुका हो जैसे गति का रथ;

जब इस सन्नाटे ने उकसाया
बहुत विवश होकर मैंने गाया
लगा, विवशता में होता है बल
अगर विवशता हो सच्ची निश्छल

साथियो, सघन वन के सन्नाटे में
सहसा आवाज़ें मेरी फूट पड़ीं
परतें-परतें उघड़ गयीं सन्नाटे की।

है मुझमें इतनी सामर्थ्य
हर जड़ मुखरित हो जायेगा
हर ध्वनि देगी कोई अर्थ
मुझको ज्ञान न था।
पर मैं देख रहा हूँ देवों की
अपराजित सेनाएँ हार गयीं
जीने के संकल्प नहीं हारे!

शीश उठाये बिरवे उगते हैं
निर्भय मेरे स्वर के साये में
दौड़ लगाती बच्चों-सी निर्द्वन्द्व
गूँज उड़ रही देश-पराये में
मैं जिनको निर्वीर्य समझता था
वे सपने आकार पा रहे हैं
मेरी आवाज़ों की प्रतिध्वनियाँ
सुनकर जागे लोग आ रहे हैं!

साथियो, सघन वन के सन्नाटे में
मेरी आवाज़ें कभी नहीं हारीं,
ये लगा मौन जितना गहरा होगा
आवाज़ पड़ेगी उतनी ही भारी
साथियो, फ़र्ज मैं अपना निभा चला
साथियो, तुम्हारी आयी है बारी।

अभी तो

—रात के घने काले समय में
मेरी हथेली पर
तुमने बनाया है जो सूरज
—मेंहदी से
कहीं सुबह तक रचेगा
लाल होगा !

—यों उतावले मत हो
रचेगा ज़रूर
सूरज है
तुमने बनाया है !

—लेकिन प्रिय,
अभी तो अँधेरा है
नमी है हथेली में
सुबह की प्रतीक्षा है ।

गौतम बुद्ध से

तुमने धरती की सीमाओं
तक पहुँचा दी अपनी वाणी,
सत्य, अहिंसा, परहित, निग्रह
और भावना जन - कल्याणी;

तुमने युग-हित की चिन्ता में
छोड़ राजसुख वैभव - माया,
मिट्टी के सिंहासन को स्वीकारा
दुख से आँजी काया;

वर्षों अचल समाधि, अनेकों कष्ट
भर्त्सना तिरस्कार सब
केवल इस आशा से तुमने सहे
—मुक्ति का मन्त्र मिला अब !

और मिला भी मन्त्र कि तुमने
सिद्धि, कीर्ति पायी उजियारी,
नयी चेतना, नये सत्य से
हो निकली सम्पृक्त तुम्हारी!

तुमने कहा—'दुःख कारण है
दुःख यहाँ सर्वत्र व्याप्त है,
हो निर्वाण लक्ष्य जीवन का
जीवन जो अतिशय विषाक्त है'

तुमने कहा—'छोड़ घर, शरण
संघ की आओ, शान्ति मिलेगी,
शरण धम्म की चलो
मुक्ति के सब सपनों की कली खिलेगी'

आज तुम्हारे इस निदान को
लेकर मैंने सोचा भरसक,
मैं—भूखी मानवता का कवि
जर्जर जनता का उद्घोषक—

असन्तुष्ट रह गया, लगा—
यह समाधान मिथ्या जीवन का,
क्योंकि आज परिभाषाएँ परिवर्तित
बदला स्वर जीवन का;

प्रश्न नहीं उस दुख का, वह दुख
जिस पर तुमने मनन किया था,
वह निर्वाण अधूरा है, वह—
जिसको तुमने सृजन किया था;

वह अष्टांगिक मार्ग, सुना था
जिससे दुख विनष्ट होता है,
आज न जाने किस पथ पर
घुटनों से शीश दिये रोता है!

दुख है मूल आज भी, जिसकी
मात्रा की कुछ शर्त नहीं है,
संघ धम्म की शरण
लाख सिर पटके कोई अर्थ नहीं है;

सच पूछो 'निर्वाण' शान्ति से
जीने के दिन कहलाते हैं;
हाय! तुम्हारे शब्द; नित्यप्रति
अर्थ बदलते ही जाते हैं!

युग व्याख्या करता है, मैं तो
केवल उनमें लय भरता हूँ,
हाँ, तुम तो युग के प्रतिनिधि थे
तुमसे एक प्रश्न करता हूँ—

आज धुएँ के इस घेरे में
तुम जीते होते तो बोलो,
तुम 'दर्शन' की सीख माँगते
या कहते 'ये खिड़की खोलो'

क्या तब भी यें 'दर्शनशास्त्र'
'धम्म' या 'संघ' सुहा सकते थे,
क्या तुम युग के स्वर से कोई
स्वर अलगा कर गा सकते थे?

ये जो उठती चीख कराहें
सब गलियों सब दरवाजों से,
सच कहना क्या बचकर जा सकते थे
तुम इन आवाज़ों से?

कल की चिन्ता में जब तुम
जीवन को जीते आँखें मींचे,
क्या तुम उसका भी हल
पा सकते थे बोधि वृक्ष के नीचे?

···खैर, सत्य है तुम युग के सृष्टा थे
मैं कुछ बहक गया हूँ
अभी नसों का खून गर्म है
इस दुनिया में बहुत नया हूँ;

और न तुम्हें पढ़ा ही इतना
पढ़ने का अवकाश मिला कम,
संघर्षों के सागर में
तैरते तैरते फूल गया दम;

फिर भी दो आशीष कि जल्दी
पा लें कोई कूल-किनारा,
काले आसमान में जागे
ज्योतिमान छोटा-सा तारा !

आज नहीं तो कल, जब ऋतु
बदलेगी, अपने जख्म भरेंगे,
जिनको तुमने छेड़ा, हम भी
उन प्रश्नों पर मनन करेंगे !